CELINA H. WESCHENFELDER

O Terço rezado por crianças

Paulinas

Dados Internacionais de Catalogação na Publicação (CIP)
(Câmara Brasileira do Livro, SP, Brasil)

Weschenfelder, Celina Helena
 O Terço rezado por crianças / Celina Helena Weschenfelder – São Paulo : Paulinas, 2011. — (Coleção crescer na fé. Série orações)

 ISBN 978-85-356-2683-4

 1. Crianças - vida religiosa 2. Mistérios do Rosário 3. Rosário 4. Terço (Cristianismo) I. Título. II. Série.

 10-07474   CDD-242.74083

Índice para catálogo sistemático:
1. Terço para crianças : Orações marianas : Cristianismo   242.74083

Citações bíblicas: *Bíblia Sagrada*. Tradução da CNBB. 7. ed., 2008

1ª edição – 2011
9ª reimpressão – 2024

Direção-geral: *Bernadete Boff*
Editora responsável: *Andreia Schweitzer*
Copidesque: *Simone Rezende*
Coordenação de revisão: *Marina Mendonça*
Revisão: *Ana Cecilia Mari e Maria Inês Carniato*
Gerente de produção: *Felício Calegaro Neto*
Capa e editoração eletrônica: *Manuel Rebelato Miramontes*
Ilustrações: *Monique Pereira*

Nenhuma parte desta obra poderá ser reproduzida ou transmitida por qualquer forma e/ou quaisquer meios (eletrônico ou mecânico, incluindo fotocópia e gravação) ou arquivada em qualquer sistema ou banco de dados sem permissão escrita da Editora. Direitos reservados.

Cadastre-se e receba nossas informações
www.paulinas.com.br
Telemarketing e SAC: 0800-7010081

Paulinas
Rua Dona Inácia Uchoa, 62
04110-020 – São Paulo – SP (Brasil)
📞 (11) 2125-3500
✉ editora@paulinas.com.br

© Pia Sociedade Filhas de São Paulo – São Paulo, 2011

Algumas palavras para começar

Jesus andava pelas ruas da Palestina fazendo o bem a todas as pessoas. Sua predileção, no entanto, era para com as crianças. Numa dessas ocasiões, ele disse: "Deixai as crianças virem a mim e não as impeçais, pois a pessoas assim é que pertence o Reino de Deus. Eu vos digo: quem não receber o Reino de Deus como uma criança não entrará nele" (Lucas 18,16-17).

Na trajetória da vida de Jesus, Maria, sua mãe e Nossa Senhora, o acompanhava, observando o que ele fazia e dizia às pessoas. Durante todo o tempo, ela guardava o que via e ouvia em seu coração.

É justamente este convite que faço a você, agora: o de aprender a observar e refletir sobre as coisas que acontecem em casa, na escola e nas brincadeiras, bem como de receber em seu coração as histórias de Jesus e de Maria, como a que vamos contar neste livro.

Faço votos de que a sua vida se encha de alegria e de paz.

A AUTORA

Por que rezar o Terço

Na vida passamos por vários momentos: tristes, esperançosos, alegres e festivos. Na oração do Terço, nós os chamaremos de "mistérios", para significar que Jesus e sua Mãe, Maria, foram pessoas como nós, embora também fossem muito especiais: Maria foi escolhida por Deus para ser Mãe de seu Filho Jesus. Por viverem sempre de acordo com a vontade de Deus, eles são nossos modelos de santidade e perfeição.

Quando rezamos o Terço, aos poucos vamos conhecendo as mais belas histórias de Jesus e de Maria e nos sentimos mais perto deles. Enquanto rezamos, agradecemos a Deus por tudo de bom que ele nos dá e pedimos pelo bem de nossa família, de nossos amigos e por toda a humanidade.

É bom parar as nossas atividades do dia a dia e lembrar daquele que nos criou. Esse pode ser um encontro diário com aquele que nos dá tudo, que cuida de nós e nos ama.

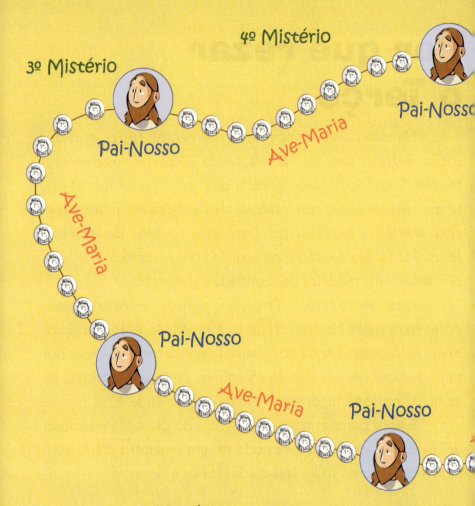

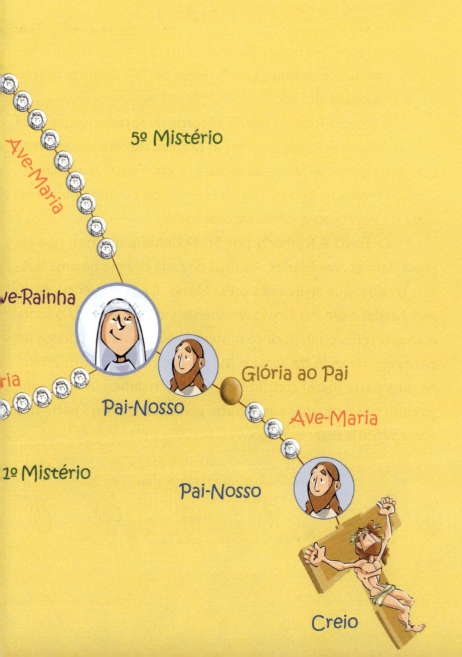

Terço e Rosário

O Terço é uma oração que existe há muito tempo. Recebeu este nome porque era "a terça parte" de uma oração maior, chamada Rosário.

A palavra Rosário significa "coroa de rosas", porque cada bolinha que usamos para contar as orações representa uma rosa que entregamos a Nossa Senhora e a seu Filho, Jesus. Então, quando rezamos, é como se estivéssemos preparando um ramalhete de flores sob a forma de oração.

O Terço é formado por 50 bolinhas pequenas, que representam as Ave-Marias. Ao final de cada dezena há uma bolinha grande, que representa o Pai-Nosso. Cada sequência de 10 Ave-Marias e um Pai-Nosso representa um "mistério". Ao todo, então, o Terço contém cinco mistérios, que contam as principais passagens da vida de Jesus e Maria. Mas, antes dos mistérios, há uma parte inicial constituída por um crucifixo, uma bolinha grande, três pequenas e mais uma grande. É por esta parte que começamos a rezar o Terço.

Cada dia da semana nos lembramos de algo especial que aconteceu com Jesus e com Maria. Esses acontecimentos estão divididos em momentos de alegrias (o nascimento e a infância de Jesus, chamados de "Mistérios Gozosos"); de esperanças (o primeiro milagre e outros momentos importantes da vida de Jesus, chamados de "Mistérios Luminosos"); de tristezas (o sofrimento e a morte de Jesus na cruz, que se chamam "Mistérios Dolorosos"); e de glórias (a ressurreição de Jesus, a ascensão dele e a Assunção de Maria ao céu, os "Mistérios Gloriosos").

O esquema, então, para rezar durante a semana é o seguinte:

Segunda-feira	Mistérios de alegrias (gozosos)
Terça-feira	Mistérios de tristezas (dolorosos)
Quarta-feira	Mistérios de glórias (gloriosos)
Quinta-feira	Mistérios de esperanças (luminosos)
Sexta-feira	Mistérios de tristezas (dolorosos)
Sábado	Mistérios de alegrias (gozosos)
Domingo	Mistérios de glórias (gloriosos)

Vamos rezar o Terço

Para começar, segurando o crucifixo, fazemos o sinal da cruz: "Em nome do Pai e do Filho e do Espírito Santo. Amém."

Depois, vamos fazer uma oração para iniciar o Terço: "Meu querido Deus, vou iniciar a oração do Terço porque gosto muito de Jesus e de sua Mãe, Maria. Por isso vou pensar sobre o que aconteceu durante a vida deles. Que o Espírito Santo esteja presente na minha oração. Amém."

E então é o momento de dizer a Deus que acreditamos nele: "Creio em Deus Pai todo-poderoso, criador do céu e da terra; e em Jesus Cristo, seu único Filho, nosso Senhor, que foi concebido pelo poder do Espírito Santo; nasceu da Virgem Maria, padeceu sob Pôncio Pilatos, foi crucificado, morto e sepultado; desceu à mansão dos mortos; ressuscitou ao terceiro dia; subiu aos céus, está sentado à direita de Deus Pai todo-poderoso, donde há de vir a julgar os vivos e os mortos; creio no Espírito Santo, na santa Igreja Católica, na comunhão dos santos, na remissão dos pecados, na ressurreição da carne, na vida eterna. Amém."

Agora, seguindo a sequência de uma bolinha grande, três pequenas e uma grande, vamos rezar um Pai-Nosso, três Ave-Marias e um Glória ao Pai:

"Pai nosso que estais nos céus, santificado seja o vosso nome, venha a nós o vosso Reino, seja feita a vossa vontade, assim na terra como no céu; o pão nosso de cada dia nos dai hoje, perdoai-nos as nossas ofensas, assim como nós perdoamos a quem nos tem ofendido e não nos deixeis cair em tentação, mas livrai-nos do mal. Amém."

"Ave, Maria, cheia de graça, o Senhor é convosco; bendita sois vós entre as mulheres e bendito é o fruto do vosso ventre, Jesus. Santa Maria, mãe de Deus, rogai por nós, pecadores, agora e na hora de nossa morte. Amém."

"Glória ao Pai, ao Filho e ao Espírito Santo. Como era no princípio, agora e sempre. Amém."

Mistérios Gozosos

Primeiro mistério
Maria recebe a visita do anjo Gabriel

A Bíblia conta que o Anjo Gabriel foi enviado por Deus a uma cidade da Galileia, chamada Nazaré, com a missão de dizer a uma mulher chamada Maria que ela seria a mãe de Jesus. O anjo disse: "Alegra-te, cheia de graça! O Senhor está contigo" (Lc 1,28).

Reflexão

Neste mistério nós percebemos como é bom fazer a vontade de Deus, como o fez Maria. O que significa isso? Que devemos ser obedientes e aceitar o que vem de Deus.

Oração

Muito obrigado(a), Mãe Maria, por ter aceitado ser a mãe de Jesus e nossa mãe. Eu também quero dizer sempre "sim" àqueles que querem me ensinar, àqueles que têm mais experiência do que eu.

Como fizemos antes, vamos rezar um Pai-Nosso segurando a bolinha grande do Terço e uma Ave-Maria em cada bolinha pequena:

"Pai nosso que estais nos céus, santificado seja o vosso nome, venha a nós o vosso Reino, seja feita a vossa vontade, assim na terra como no céu; o pão nosso de cada dia nos dai hoje, perdoai-nos as nossas ofensas, assim como nós perdoamos a quem nos tem ofendido e não nos deixeis cair em tentação, mas livrai-nos do mal. Amém."

"Ave, Maria, cheia de graça, o Senhor é convosco; bendita sois vós entre as mulheres e bendito é o fruto do vosso ventre, Jesus. Santa Maria, mãe de Deus, rogai por nós, pecadores, agora e na hora de nossa morte. Amém." (Rezar 10 vezes.)

Para terminar, rezamos o Glória:
"Glória ao Pai, ao Filho e ao Espírito Santo. Como era no princípio, agora e sempre. Amém."

Segundo mistério
A visita de Maria a sua prima Isabel

Maria ficou sabendo pelo anjo que sua prima Isabel também ia ser mãe, pois estava grávida de um menino, que ia se chamar João Batista. Decidiu, então, ir ajudar a prima e seu marido, Zacarias. Quando Maria chegou, todos vibraram de alegria e Isabel disse: "Bendita és tu entre as mulheres e bendito é o fruto do teu ventre!" (Lc 1,39-45).

Reflexão

No segundo mistério as primas Maria e Isabel nos ensinam que é sempre bom ajudar as pessoas, pois essa é a vontade de Deus.

Oração

Jesus, quero estar ao lado das pessoas, quando precisarem de mim. Quero fazer boas ações e ajudar os mais necessitados.

"Pai nosso que estais nos céus, santificado seja o vosso nome, venha a nós o vosso Reino, seja feita a vossa vontade, assim na terra como no céu; o pão nosso de cada dia nos dai hoje, perdoai-nos as nossas ofensas, assim como nós perdoamos a quem nos tem ofendido e não nos deixeis cair em tentação, mas livrai-nos do mal. Amém."

"Ave, Maria, cheia de graça, o Senhor é convosco; bendita sois vós entre as mulheres e bendito é o fruto do vosso ventre, Jesus. Santa Maria, mãe de Deus, rogai por nós, pecadores, agora e na hora de nossa morte. Amém." (Rezar 10 vezes.)

"Glória ao Pai, ao Filho e ao Espírito Santo. Como era no princípio, agora e sempre. Amém."

Terceiro mistério
O nascimento do Menino Jesus

Jesus nasceu em Belém, para onde seus pais haviam ido para participar de um recenseamento ordenado pelo imperador. Porém, quando chegaram à cidade, não encontraram lugar na hospedaria. A Bíblia nos conta: "Maria deu à luz o seu filho primogênito, envolveu-o em faixas e deitou-o numa manjedoura" (Lc 2,7).

Reflexão

Não deve ter sido nada fácil para Maria e José deixar que Jesus nascesse nessa situação de pobreza. Afinal, ele era o Filho de

Deus! Hoje em dia também há muita pobreza no mundo e, assim como Maria e José, as famílias fazem o possível para dar melhores condições de vida para seus filhos.

Oração

Jesus, amigo de todas as crianças, olhe com carinho para aquelas que vivem em situação de pobreza. Eu também quero ajudar, levando alegria a quem precisa.

"Pai nosso que estais nos céus, santificado seja o vosso nome, venha a nós o vosso Reino, seja feita a vossa vontade, assim na terra como no céu; o pão nosso de cada dia nos dai hoje, perdoai-nos as nossas ofensas, assim como nós perdoamos a quem nos tem ofendido e não nos deixeis cair em tentação, mas livrai-nos do mal. Amém."

"Ave, Maria, cheia de graça, o Senhor é convosco; bendita sois vós entre as mulheres e bendito é o fruto do vosso ventre, Jesus. Santa Maria, mãe de Deus, rogai por nós, pecadores, agora e na hora de nossa morte. Amém." (Rezar 10 vezes.)

"Glória ao Pai, ao Filho e ao Espírito Santo. Como era no princípio, agora e sempre. Amém."

Quarto mistério
Apresentação de Jesus

Conforme o costume daquele tempo, os pais de Jesus foram ao Templo de Jerusalém para apresentá-lo ao Senhor. Este acontecimento está descrito no Evangelho de Lucas, capítulo 2, versículos 21 a 24.

Reflexão

No dia do nosso Batismo nós também fomos apresentados a Deus e nos tornamos cristãos. Isso significa que passamos a fazer parte da família de Deus e assumimos o compromisso de crescer na fé e imitar Jesus.

Oração

Jesus, que eu seja fiel ao compromisso que assumi no meu Batismo por intermédio de meus pais e padrinhos. Prometo tratar as pessoas sempre com respeito e amar minha família.

"Pai nosso que estais nos céus, santificado seja o vosso nome, venha a nós o vosso Reino, seja feita a vossa vontade, assim na terra como no céu; o pão nosso de cada dia nos dai hoje, perdoai-nos as nossas ofensas, assim como nós perdoamos a quem nos tem ofendido e não nos deixeis cair em tentação, mas livrai-nos do mal. Amém."

"Ave, Maria, cheia de graça, o Senhor é convosco; bendita sois vós entre as mulheres e bendito é o fruto do vosso ventre, Jesus. Santa Maria, mãe de Deus, rogai por nós, pecadores, agora e na hora de nossa morte. Amém." (Rezar 10 vezes.)

"Glória ao Pai, ao Filho e ao Espírito Santo. Como era no princípio, agora e sempre. Amém."

Quinto mistério
Encontro do Menino Jesus no Templo

Ao completar 12 anos, Jesus foi com seus pais a Jerusalém para a festa da Páscoa e, na hora de ir embora, ele se perdeu. Quando seus pais o encontraram, ele estava no Templo conversando com os mestres. As pessoas em volta se admiravam com o seu conhecimento (Lc 2,41-51).

Reflexão

Jesus se perdeu de sua família porque queria falar com os mestres sobre seu Deus. Mas seus pais ficaram muito preocupados, porque não sabiam onde ele estava.

Oração

Jesus, ajude-me a ser obediente ao papai e à mamãe, porque sei que eles me amam e querem o melhor para mim. Meus professores também esperam que eu aprenda toda a lição, então me ajude a ser sempre estudioso(a) e tirar boas notas.

"Pai nosso que estais nos céus, santificado seja o vosso nome, venha a nós o vosso Reino, seja feita a vossa vontade, assim na terra como no céu; o pão nosso de cada dia nos dai hoje, perdoai-nos as nossas ofensas, assim como nós perdoamos a quem nos tem ofendido e não nos deixeis cair em tentação, mas livrai-nos do mal. Amém."

"Ave, Maria, cheia de graça, o Senhor é convosco; bendita sois vós entre as mulheres e bendito é o fruto do vosso ventre, Jesus. Santa Maria, mãe de Deus, rogai por nós, pecadores, agora e na hora de nossa morte. Amém." (Rezar 10 vezes.)

"Glória ao Pai, ao Filho e ao Espírito Santo. Como era no princípio, agora e sempre. Amém."

Para terminar

Ao final do quinto mistério, o fio do Terço se junta ao começo. Alguns trazem uma medalha com a imagem de Nossa Senhora, porque é hora de rezar a Salve-Rainha:

"Salve, Rainha, Mãe de misericórdia, vida, doçura, esperança nossa, salve! A vós bradamos, os degredados filhos de Eva, a vós suspiramos, gemendo e chorando neste vale de lágrimas. Eia, pois, Advogada nossa, esses vossos olhos misericordiosos a nós volvei, e depois deste desterro mostrai-nos Jesus, bendito fruto de vosso ventre, ó clemente, ó piedosa, ó doce sempre Virgem Maria. Rogai por nós, Santa Mãe de Deus! Para que sejamos dignos das promessas de Cristo."

Oração

Eu agradeço, Maria, minha Mãe do céu, por me proteger e cuidar de mim como cuidou de seu Filho, Jesus. Foi muito bom rezar este Terço e poder pensar um pouco sobre a vida de Jesus, que também foi criança, cresceu, sofreu e morreu por todos nós, mas ressuscitou para viver ao lado de Deus Pai, de onde me abençoa e faz de mim uma criança feliz. Obrigado(a), Maria!

Mistérios Luminosos

Primeiro mistério
O batismo de Jesus

Jesus foi batizado por seu primo João Batista, nas águas do rio Jordão. Nesse momento, o céu se abriu, o Espírito Santo desceu sobre ele e ouviu-se uma voz: "Tu és o meu filho amado; em ti está o meu agrado". João Batista dizia que Jesus era o Messias e que todos precisavam converter-se, quer dizer, mudar de vida (cf. Lc 3,21-22 e Mc 1,9-11).

Reflexão

Assim como Jesus, nós também fomos batizados com água, que é a fonte da vida, e em nome do Pai, do Filho e do Espírito

Santo. Nossa família é nosso bem mais importante na terra, mas não nos devemos esquecer nunca de que também temos um Pai no céu, que nos atende sempre que pedimos, pelo poder do Espírito Santo.

Oração

Jesus, peço sua bênção para mim e para minha família. Quero ser um(a) bom/boa cristão(ã), mas, se sem querer eu me desviar do bom caminho, peço que me ajude a voltar a viver do jeito certo.

"Pai nosso que estais nos céus, santificado seja o vosso nome, venha a nós o vosso Reino, seja feita a vossa vontade, assim na terra como no céu; o pão nosso de cada dia nos dai hoje, perdoai-nos as nossas ofensas, assim como nós perdoamos a quem nos tem ofendido e não nos deixeis cair em tentação, mas livrai-nos do mal. Amém."

"Ave, Maria, cheia de graça, o Senhor é convosco; bendita sois vós entre as mulheres e bendito é o fruto do vosso ventre, Jesus. Santa Maria, mãe de Deus, rogai por nós, pecadores, agora e na hora de nossa morte. Amém." (Rezar 10 vezes.)

"Glória ao Pai, ao Filho e ao Espírito Santo. Como era no princípio, agora e sempre. Amém."

Segundo mistério
O primeiro milagre de Jesus

Certa vez, houve um casamento em Caná da Galileia. Jesus e sua mãe estavam lá, e aconteceu que durante a festa faltou vinho. Maria, então, pediu ajuda a Jesus. Ele transformou a água em vinho e a festa pôde continuar. Este foi o primeiro milagre dele (cf. Jo 2,1-12).

Reflexão

Maria, como toda mãe amorosa, está sempre prestando atenção em tudo o que acontece. Quando percebeu que a festa podia acabar pela falta de vinho, pediu que Jesus ajudasse os noivos. Ela faz o mesmo por nós: está sempre ao nosso lado, e intercede em nosso favor quando precisamos e pedimos a sua ajuda.

Oração

Jesus, estou gostando muito de conhecer as histórias de sua vida. Assim como você, desejo ajudar quem precisa, pois não quero ver ninguém sofrer por necessidades ou tristeza.

"Pai nosso que estais nos céus, santificado seja o vosso nome, venha a nós o vosso Reino, seja feita a vossa vontade, assim na terra como no céu; o pão nosso de cada dia nos dai hoje, perdoai-nos as nossas ofensas, assim como nós perdoamos a quem nos tem ofendido e não nos deixeis cair em tentação, mas livrai-nos do mal. Amém."

"Ave, Maria, cheia de graça, o Senhor é convosco; bendita sois vós entre as mulheres e bendito é o fruto do vosso ventre, Jesus. Santa Maria, mãe de Deus, rogai por nós, pecadores, agora e na hora de nossa morte. Amém." (Rezar 10 vezes.)

"Glória ao Pai, ao Filho e ao Espírito Santo. Como era no princípio, agora e sempre. Amém."

Terceiro mistério
Jesus anuncia o Reino de Deus

Quando chegou a hora certa, Jesus começou a andar pelas ruas contando para todo mundo sobre o Reino de Deus e dizendo que era preciso converter-se. Isso está escrito no Evangelho de Marcos, capítulo 1, versículos 14 e 15.

Reflexão

Jesus conhecia o Reino de Deus, mas as pessoas com quem ele convivia não entendiam o que ele queria dizer. Por isso, ele contava histórias e, assim, conseguia explicar a Boa-Nova, isto é, a Palavra de Deus.

Oração

Jesus, a vida realmente vale a pena ser vivida, quando a gente a entende bem. Com você, aprendi que somos todos irmãos e filhos de Deus, por isso precisamos nos amar.

"Pai nosso que estais nos céus, santificado seja o vosso nome, venha a nós o vosso Reino, seja feita a vossa vontade, assim na terra como no céu; o pão nosso de cada dia nos dai hoje, perdoai-nos as nossas ofensas, assim como nós perdoamos a quem nos tem ofendido e não nos deixeis cair em tentação, mas livrai-nos do mal. Amém."

"Ave, Maria, cheia de graça, o Senhor é convosco; bendita sois vós entre as mulheres e bendito é o fruto do vosso ventre, Jesus. Santa Maria, mãe de Deus, rogai por nós, pecadores, agora e na hora de nossa morte. Amém." (Rezar 10 vezes.)

"Glória ao Pai, ao Filho e ao Espírito Santo. Como era no princípio, agora e sempre. Amém."

Quarto mistério
A transfiguração de Jesus

Jesus foi com os discípulos Pedro, Tiago e João para a parte mais alta de uma montanha chamada Tabor. De repente, o rosto de Jesus começou a brilhar como o Sol e a sua roupa ficou completamente branca e brilhante. Confira este fato no Evangelho de Lucas, capítulo 9, versículos 28 a 36.

Reflexão

"Transfigurar" significa transformar, mudar não só a aparência, mas o comportamento, a maneira de pensar. E também ser uma pessoa boa e fazer sempre o que é certo.

Oração

Jesus, enquanto estou rezando o Terço, aprendo muitas coisas. Aprendi, por exemplo, que devo ajudar as pessoas que precisam e que é muito bom ter amigos. Agradeço por sempre estar ao meu lado e ser o meu melhor amigo!

"Pai nosso que estais nos céus, santificado seja o vosso nome, venha a nós o vosso Reino, seja feita a vossa vontade, assim na terra como no céu; o pão nosso de cada dia nos dai hoje, perdoai-nos as nossas ofensas, assim como nós perdoamos a quem nos tem ofendido e não nos deixeis cair em tentação, mas livrai-nos do mal. Amém."

"Ave, Maria, cheia de graça, o Senhor é convosco; bendita sois vós entre as mulheres e bendito é o fruto do vosso ventre, Jesus. Santa Maria, mãe de Deus, rogai por nós, pecadores, agora e na hora de nossa morte. Amém." (Rezar 10 vezes.)

"Glória ao Pai, ao Filho e ao Espírito Santo. Como era no princípio, agora e sempre. Amém."

Quinto mistério
A Eucaristia

Jesus sabia que ia morrer e que íamos sentir sua falta. Por isso, ele nos mostrou como poderíamos nos lembrar dele e senti-lo no meio de nós: através da Eucaristia. Na missa, o padre consagra o pão e o vinho, que são o corpo e o sangue de Jesus. Então, quando as pessoas tomam a comunhão, elas participam da Ceia de Cristo, na qual ele se torna alimento para todos (Mc 14,22-25).

Reflexão

Comungar é viver em comunhão com as outras pessoas e fazer aquilo que agrada a Deus. Ou seja, merecer a amizade de meus amigos e amigas, amar minha família e lutar por um mundo mais justo para todos.

Oração

Jesus, agradeço por você viver entre nós na Eucaristia e por alimentar a minha fé. Quero viver sempre em comunhão com todo mundo, como você ensinou.

"Pai nosso que estais nos céus, santificado seja o vosso nome, venha a nós o vosso Reino, seja feita a vossa vontade, assim na terra como no céu; o pão nosso de cada dia nos dai hoje, perdoai-nos as nossas ofensas, assim como nós perdoamos a quem nos tem ofendido e não nos deixeis cair em tentação, mas livrai-nos do mal. Amém."

"Ave, Maria, cheia de graça, o Senhor é convosco; bendita sois vós entre as mulheres e bendito é o fruto do vosso ventre, Jesus. Santa Maria, mãe de Deus, rogai por nós, pecadores, agora e na hora de nossa morte. Amém." (rezar 10 vezes.)

"Glória ao Pai, ao Filho e ao Espírito Santo. Como era no princípio, agora e sempre. Amém."

Para terminar

"Salve, Rainha, Mãe de misericórdia, vida, doçura, esperança nossa, salve! A vós bradamos, os degredados filhos de Eva, a vós suspiramos, gemendo e chorando neste vale de lágrimas. Eia, pois, Advogada nossa, esses vossos olhos misericordiosos a nós volvei, e depois deste desterro mostrai-nos Jesus, bendito fruto de vosso ventre, ó clemente, ó piedosa, ó doce sempre Virgem Maria. Rogai por nós, Santa Mãe de Deus! Para que sejamos dignos das promessas de Cristo."

Oração

Eu agradeço, Maria, minha Mãe do céu, por me proteger e cuidar de mim como cuidou de seu Filho, Jesus. Foi muito bom rezar este Terço e poder pensar um pouco sobre a vida de Jesus, que também foi criança, cresceu, sofreu e morreu por todos nós, mas ressuscitou para viver ao lado de Deus Pai, de onde me abençoa e faz de mim uma criança feliz. Obrigado(a), Maria!

Mistérios Dolorosos

Primeiro mistério
Jesus no Horto das Oliveiras

Jesus era um ser humano como nós. Ele ficou triste e sentiu muito medo quando descobriu que ia ser preso, mas não fugiu. Quando percebeu o que ia acontecer, ele rezou pedindo forças e coragem ao Pai (cf. Mc 14,32-35).

Reflexão

Jesus queria que o mundo fosse mais justo, tivesse mais paz e amor, mas nem todo mundo o entendia. Isso o deixava triste e, por isso, ele rezava para que Deus o ajudasse a enfrentar as situações mais difíceis.

Oração

Meu bom Jesus, perdoe os meus pecados e me ajude a ter coragem para enfrentar as dificuldades que aparecerem na minha vida.

"Pai nosso que estais nos céus, santificado seja o vosso nome, venha a nós o vosso Reino, seja feita a vossa vontade, assim na terra como no céu; o pão nosso de cada dia nos dai hoje, perdoai-nos as nossas ofensas, assim como nós perdoamos a quem nos tem ofendido e não nos deixeis cair em tentação, mas livrai-nos do mal. Amém."

"Ave, Maria, cheia de graça, o Senhor é convosco; bendita sois vós entre as mulheres e bendito é o fruto do vosso ventre, Jesus. Santa Maria, mãe de Deus, rogai por nós, pecadores, agora e na hora de nossa morte. Amém." (Rezar 10 vezes.)

"Glória ao Pai, ao Filho e ao Espírito Santo. Como era no princípio, agora e sempre. Amém."

Segundo mistério
A flagelação de Jesus

Os soldados prenderam Jesus e bateram muito nele. Jesus sofreu calado, sem dizer uma palavra (cf. Mc 15,16-20).

Reflexão

Infelizmente, há pessoas maldosas no mundo, que não se importam com os sentimentos das outras. Jesus continua a sofrer, assim como sofreu durante a sua flagelação, ao constatar que estas pessoas não se corrigem nem mudam de vida.

Oração

Meu querido Jesus, agradeço por cuidar de mim e não deixar que nada de ruim aconteça comigo. Quero seguir seu exemplo e amar as pessoas como você.

"Pai nosso que estais nos céus, santificado seja o vosso nome, venha a nós o vosso Reino, seja feita a vossa vontade, assim na terra como no céu; o pão nosso de cada dia nos dai hoje, perdoai-nos as nossas ofensas, assim como nós perdoamos a quem nos tem ofendido e não nos deixeis cair em tentação, mas livrai-nos do mal. Amém."

"Ave, Maria, cheia de graça, o Senhor é convosco; bendita sois vós entre as mulheres e bendito é o fruto do vosso ventre, Jesus. Santa Maria, mãe de Deus, rogai por nós, pecadores, agora e na hora de nossa morte. Amém." (Rezar 10 vezes.)

"Glória ao Pai, ao Filho e ao Espírito Santo. Como era no princípio, agora e sempre. Amém."

Terceiro mistério
Jesus recebe uma coroa de espinhos

Além de bater em Jesus, os soldados fizeram uma coroa de espinhos e colocaram-na em sua cabeça. Eles se ajoelharam diante de Jesus e disseram: "Salve, rei dos judeus!" (cf. Mt 27,27-29).

Reflexão

Jesus ajudou e curou muita gente durante sua vida. Ele dizia que era o Filho de Deus, mas havia pessoas que não acreditavam nele. Por isso, quando foi preso, os soldados zombaram dele.

Oração

Jesus, eu agradeço por todo o bem que você fez e continua fazendo. Vou fazer tudo o que puder para que as pessoas saibam disso.

"Pai nosso que estais nos céus, santificado seja o vosso nome, venha a nós o vosso Reino, seja feita a vossa vontade, assim na terra como no céu; o pão nosso de cada dia nos dai hoje, perdoai-nos as nossas ofensas, assim como nós perdoamos a quem nos tem ofendido e não nos deixeis cair em tentação, mas livrai-nos do mal. Amém."

"Ave, Maria, cheia de graça, o Senhor é convosco; bendita sois vós entre as mulheres e bendito é o fruto do vosso ventre, Jesus. Santa Maria, mãe de Deus, rogai por nós, pecadores, agora e na hora de nossa morte. Amém." (Rezar 10 vezes.)

"Glória ao Pai, ao Filho e ao Espírito Santo. Como era no princípio, agora e sempre. Amém."

Quarto mistério
Jesus vai ao Calvário carregando uma cruz

Jesus foi condenado a morrer crucificado e teve que carregar sua cruz por toda a cidade, até o alto de uma colina chamada Calvário. Enquanto ele caminhava em direção ao Calvário, a multidão que assistia à cena chorava e um homem chamado Simão de Cirene o ajudou a carregar a cruz (cf. Lc 23,26-32).

Reflexão

Jesus se comovia com o choro das pessoas e sofria muitas dores, mas seguiu o seu caminho, porque essa era a vontade de Deus. Ele aceitou a sua cruz.

Oração

Jesus, a sua cruz era pesada, mas você não desistiu de levá-la até o fim. Quero ser como aquele homem bom que ajudou você e estender a mão sempre que precisarem de mim.

"Pai nosso que estais nos céus, santificado seja o vosso nome, venha a nós o vosso Reino, seja feita a vossa vontade, assim na terra como no céu; o pão nosso de cada dia nos dai hoje, perdoai-nos as nossas ofensas, assim como nós perdoamos a quem nos tem ofendido e não nos deixeis cair em tentação, mas livrai-nos do mal. Amém."

"Ave, Maria, cheia de graça, o Senhor é convosco; bendita sois vós entre as mulheres e bendito é o fruto do vosso ventre, Jesus. Santa Maria, mãe de Deus, rogai por nós, pecadores, agora e na hora de nossa morte. Amém." (Rezar 10 vezes.)

"Glória ao Pai, ao Filho e ao Espírito Santo. Como era no princípio, agora e sempre. Amém."

Quinto mistério
Jesus morre na cruz

Jesus foi crucificado, mas, antes de morrer, ele perdoou seus malfeitores, dizendo: "Pai, perdoa-lhes! Eles não sabem o que fazem!". É o gesto mais divino que Jesus podia fazer (Lc 23,33-49).

Reflexão

Jesus disse que devíamos perdoar as pessoas "até setenta vezes sete vezes", ou seja, sempre que alguém pecar contra nós. E ele perdoou até os homens que o crucificaram! Ele não os julgou, mas pediu que Deus os perdoasse.

Oração

Jesus, a você que sofreu na cruz sem ter feito nada de mal, eu agradeço por fazer como o papai e a mamãe e me perdoar quando eu erro.

"Pai nosso que estais nos céus, santificado seja o vosso nome, venha a nós o vosso Reino, seja feita a vossa vontade, assim na terra como no céu; o pão nosso de cada dia nos dai hoje, perdoai-nos as nossas ofensas, assim como nós perdoamos a quem nos tem ofendido e não nos deixeis cair em tentação, mas livrai-nos do mal. Amém."

"Ave, Maria, cheia de graça, o Senhor é convosco; bendita sois vós entre as mulheres e bendito é o fruto do vosso ventre, Jesus. Santa Maria, mãe de Deus, rogai por nós, pecadores, agora e na hora de nossa morte. Amém." (Rezar 10 vezes.)

"Glória ao Pai, ao Filho e ao Espírito Santo. Como era no princípio, agora e sempre. Amém."

Para terminar

"Salve, Rainha, Mãe de misericórdia, vida, doçura, esperança nossa, salve! A vós bradamos, os degredados filhos de Eva, a vós suspiramos, gemendo e chorando neste vale de lágrimas. Eia, pois, Advogada nossa, esses vossos olhos misericordiosos a nós volvei, e depois deste desterro mostrai-nos Jesus, bendito fruto de vosso ventre, ó clemente, ó piedosa, ó doce sempre Virgem Maria. Rogai por nós Santa Mãe de Deus! Para que sejamos dignos das promessas de Cristo."

Oração

Eu agradeço, Maria, minha Mãe do céu, por me proteger e cuidar de mim como cuidou de seu Filho, Jesus. Foi muito bom rezar este Terço e poder pensar um pouco sobre a vida de Jesus, que também foi criança, cresceu, sofreu e morreu por todos nós, mas ressuscitou para viver ao lado de Deus Pai, de onde me abençoa e faz de mim uma criança feliz. Obrigado(a), Maria!

Mistérios Gloriosos

Primeiro mistério
A ressurreição de Jesus

Jesus morreu na cruz, mas depois, quando seus amigos foram até o seu túmulo, não o encontraram lá. Ele havia ressuscitado! (Lc 24,1-6).

Reflexão

Jesus é o Filho de Deus. Ele ressuscitou e está vivo entre nós, como disse que aconteceria.

Oração

Jesus, como é bom saber que você está vivo e perto de nós! Fico muito feliz de poder me lembrar de todas essas coisas, pois isso alimenta a minha fé.

"Pai nosso que estais nos céus, santificado seja o vosso nome, venha a nós o vosso Reino, seja feita a vossa vontade, assim na terra como no céu; o pão nosso de cada dia nos dai hoje, perdoai-nos as nossas ofensas, assim como nós perdoamos a quem nos tem ofendido e não nos deixeis cair em tentação, mas livrai-nos do mal. Amém."

"Ave, Maria, cheia de graça, o Senhor é convosco; bendita sois vós entre as mulheres e bendito é o fruto do vosso ventre, Jesus. Santa Maria, mãe de Deus, rogai por nós, pecadores, agora e na hora de nossa morte. Amém." (Rezar 10 vezes.)

"Glória ao Pai, ao Filho e ao Espírito Santo. Como era no princípio, agora e sempre. Amém."

Segundo mistério
Jesus sobe ao céu

Depois que Jesus ressuscitou, ele apareceu várias vezes aos seus discípulos, para que eles acreditassem e fossem testemunhas do que havia acontecido. Depois, Jesus "levou-os para fora da cidade [...] ergueu as mãos e abençoou-os. E enquanto os abençoava, afastou-se deles e foi elevado ao céu" (Lc 24,50-53).

Reflexão

Os discípulos de Jesus ficaram maravilhados quando o viram elevar-se ao céu. Depois, foram para Jerusalém e contavam a todos as histórias dele.

Oração

Jesus, que bom saber que do céu você continua nos abençoando! Eu também quero contar a sua história para quem ainda não o conhece!

"Pai nosso que estais nos céus, santificado seja o vosso nome, venha a nós o vosso Reino, seja feita a vossa vontade, assim na terra como no céu; o pão nosso de cada dia nos dai hoje, perdoai-nos as nossas ofensas, assim como nós perdoamos a quem nos tem ofendido e não nos deixeis cair em tentação, mas livrai-nos do mal. Amém."

"Ave, Maria, cheia de graça, o Senhor é convosco; bendita sois vós entre as mulheres e bendito é o fruto do vosso ventre, Jesus. Santa Maria, mãe de Deus, rogai por nós, pecadores, agora e na hora de nossa morte. Amém." (Rezar 10 vezes.)

"Glória ao Pai, ao Filho e ao Espírito Santo. Como era no princípio, agora e sempre. Amém."

Terceiro mistério
A vinda do Espírito Santo sobre Maria e os apóstolos

Quando chegou o dia de Pentecostes, o Espírito Santo desceu como línguas de fogo sobre os discípulos, que estavam reunidos. Eles anunciaram as maravilhas de Deus e deixaram as pessoas surpresas (cf. At 2,1-13).

Reflexão

O Espírito Santo é a terceira pessoa da Santíssima Trindade. Ele age nas pessoas e produz frutos do bem, como a bondade, a ternura, a paz, a justiça, a segurança, a caridade e alegria.

Oração

Agradeço, Jesus, pelo Espírito Santo enviado por Deus Pai em seu nome. Ele transforma o mal em bem e nos recorda os seus ensinamentos. Nossa Senhora também está presente em nossa vida para nos ensinar o caminho que leva a você, Jesus.

"Pai nosso que estais nos céus, santificado seja o vosso nome, venha a nós o vosso Reino, seja feita a vossa vontade, assim na terra como no céu; o pão nosso de cada dia nos dai hoje, perdoai-nos as nossas ofensas, assim como nós perdoamos a quem nos tem ofendido e não nos deixeis cair em tentação, mas livrai-nos do mal. Amém."

"Ave, Maria, cheia de graça, o Senhor é convosco; bendita sois vós entre as mulheres e bendito é o fruto do vosso ventre, Jesus. Santa Maria, mãe de Deus, rogai por nós, pecadores, agora e na hora de nossa morte. Amém." (Rezar 10 vezes.)

"Glória ao Pai, ao Filho e ao Espírito Santo. Como era no princípio, agora e sempre. Amém."

Quarto mistério
Maria é elevada aos céus

Nossa Senhora, a Mãe de Jesus, terminada sua vida na terra, foi elevada ao céu em corpo e alma. Ela era uma moça simples, mas Deus a escolheu para ser a Mãe do Salvador (cf. Lc 1,47-50). Ela é nossa intercessora junto de Jesus. Isso quer dizer que, se precisarmos de alguma coisa, é só pedir através dela.

Reflexão

Nossa Senhora teve uma vida muito bonita, totalmente voltada para as necessidades dos outros. Ela cuidou de Jesus até o fim e levou a sua mensagem a muitas pessoas.

Oração

Nossa Senhora, minha querida Mãe do Céu, obrigado(a) por cuidar de Jesus e de mim em todos os momentos!

"Pai nosso que estais nos céus, santificado seja o vosso nome, venha a nós o vosso Reino, seja feita a vossa vontade, assim na terra como no céu; o pão nosso de cada dia nos dai hoje, perdoai-nos as nossas ofensas, assim como nós perdoamos a quem nos tem ofendido e não nos deixeis cair em tentação, mas livrai-nos do mal. Amém."

"Ave, Maria, cheia de graça, o Senhor é convosco; bendita sois vós entre as mulheres e bendito é o fruto do vosso ventre, Jesus. Santa Maria, mãe de Deus, rogai por nós, pecadores, agora e na hora de nossa morte. Amém." (Rezar 10 vezes.)

"Glória ao Pai, ao Filho e ao Espírito Santo. Como era no princípio, agora e sempre. Amém."

Quinto mistério
Maria é coroada Rainha do céu e da terra

Quando Maria foi elevada por Deus ao céu, foi recebida por Jesus e pelos anjos com toda a glória. Sua roupa era como o Sol e sobre a cabeça ela tinha uma coroa com doze estrelas. A Mãe de Jesus é a Rainha do céu e da terra (cf. Ap 12,1-18).

Reflexão

Maria não é uma rainha como as outras. Ela não espera que a sirvam. É ela que serve a nós, os seus filhos, com muito amor.

Ela está no céu, onde intercede a nosso favor junto a Deus e a seu Filho, Jesus.

Oração

Maria, minha mãe querida, muito obrigado(a) por aceitar ser a nossa mãe e protetora junto de Deus, por socorrer os desamparados que pedem a sua intercessão. Eu amo você!

"Pai nosso que estais nos céus, santificado seja o vosso nome, venha a nós o vosso Reino, seja feita a vossa vontade, assim na terra como no céu; o pão nosso de cada dia nos dai hoje, perdoai-nos as nossas ofensas, assim como nós perdoamos a quem nos tem ofendido e não nos deixeis cair em tentação, mas livrai-nos do mal. Amém."

"Ave, Maria, cheia de graça, o Senhor é convosco; bendita sois vós entre as mulheres e bendito é o fruto do vosso ventre, Jesus. Santa Maria, mãe de Deus, rogai por nós, pecadores, agora e na hora de nossa morte. Amém." (Rezar 10 vezes.)

"Glória ao Pai, ao Filho e ao Espírito Santo. Como era no princípio, agora e sempre. Amém."

Para terminar

"Salve, Rainha, Mãe de misericórdia, vida, doçura, esperança nossa, salve! A vós bradamos, os degredados filhos de Eva, a vós suspiramos, gemendo e chorando neste vale de lágrimas. Eia, pois, Advogada nossa, esses vossos olhos misericordiosos a nós volvei, e depois deste desterro mostrai-nos Jesus, bendito fruto de vosso ventre, ó clemente, ó piedosa, ó doce sempre Virgem Maria. Rogai por nós Santa Mãe de Deus! Para que sejamos dignos das promessas de Cristo."

Oração

Eu agradeço, Maria, minha Mãe do céu, por me proteger e cuidar de mim como cuidou de seu Filho, Jesus. Foi muito bom rezar este Terço e poder pensar um pouco sobre a vida de Jesus, que também foi criança, cresceu, sofreu e morreu por todos nós, mas ressuscitou para viver ao lado de Deus Pai, de onde me abençoa e faz de mim uma criança feliz. Obrigado(a), Maria!

Sumário

Algumas palavras para começar 3

Por que rezar o Terço 5

Terço e Rosário 8

Vamos rezar o Terço 10

Mistérios Gozosos 12

Mistérios Luminosos 23

Mistérios Dolorosos 34

Mistérios Gloriosos 45